AF450877

MOYENS

DE DÉTRUIRE

LA MENDICITÉ.

MOYENS
DE DÉTRUIRE
LA MENDICITÉ,

OU

MORALE DU PAUVRE.

Par J.-P. PICQUÉ.

----

*Les pauvres sont partout une espèce mitoyenne
entre les riches et les animaux : ils sont bien
près des derniers.*
Dupaty. *Lettres sur l'Italie.*

A PARIS,

Chez Moussard, libraire, rue Helvétius,
vis-à-vis la rue Villedot.
An x. — 1802.

Lᴇs objets qui tiennent moins à des connaissances qu'à l'observation attentive, ne peuvent offrir qu'un résumé de ce qui a été écrit sur la mendicité. L'idée du vrai, de l'utile, des réflexions sérieuses ne saurait captiver l'attention ou la curiosité, comme les tableaux dramatiques, les douces et passagères illusions dont on berce des hommes abimés de luxe, de plaisirs, d'oisiveté. Ils ne me pardonneraient pas d'oser les entretenir des pauvres ; ils craindraient que je ne leur parle de *restitution...* J'aurai peu de lecteurs ; je m'en console d'avance, si j'intéresse quelqu'une de ces ames privilégiées, et il en est qui éprouvent le besoin d'un adoucissement nécessaire aux souffrances des indigens.

Je ne me dissimule pas qu'il existe, contre tout ce qui sort du cercle uniforme de nos habitudes, des préventions trop justifiées par de nombreuses méprises. Je ne trace pas, au reste, des rêves sur le bonheur des peuples, un roman métaphysique : on l'a dit avant moi, et mieux que moi, la France possède, dans presque toutes ses parties, pour l'intérêt pressant de la société, des moyens conservateurs des hommes, et régénérateurs des mœurs publiques, disponibles à volonté et à portée de chacun. Mieux connus, rendus plus sensibles dans

leur exécution, leur réunion écar-
tera l'idée d'un paradoxe nouveau,
et celle d'un intérêt personnel.

L'humanité doit une juste reconnaissance aux écrivains qui ont
épuisé les recherches sur les méthodes de secours à accorder aux indigens. J'applaudis à leur sagesse ;
mais les erreurs, inséparables des
préjugés éteints, laissèrent, sans
doute , l'espoir consolant d'une
amélioration prévue. Je sais qu'une
perfection morale se rencontre dif-
ficilement dans l'histoire des peuples : vouloir détruire tous les abus
serait un grand abus ; laisser accroître les malheurs des pauvres,
les dissimuler plus long-tems, ne
pas atteindre, par de nouveaux efforts, à un plus haut degré de bien-

faits envers la classe malheureuse ,
serait une indifférence coupable ,
qui ne peut être justifiée que par
une impuissance avilissante.

On ne se flatte pas de bannir la
pauvreté d'une terre où elle semble
être dans l'ordre de la providence :
il y aura des pauvres et des riches ;
la misère sera toujours plaintive ;
la félicité insolente ; la médiocrité
heureuse. Il y aura des pauvres !....
Est-il possible d'en réduire le nombre, de les arracher au tourment
de leur condition ? A quoi servi-
rait l'abolition de la servitude ? On
ne veut pas, sans doute , la faire
regretter à ces infortunés , restes ,
des anciens serfs , moins assurés de
leur existence que sous la tyrannie

féodale. Qu'on ne s'y trompe pas ; l'esclave sans vertu, sans reconnaissance ne peut rien aimer : ennemi de tout gouvernement , les bienfaits qu'il reçoit ne peuvent l'attacher ; audacieux, d'autant plus entreprenant, qu'il n'a rien à perdre, familiarisé avec la punition. Que les riches imprévoyans compromettent encore long-tems l'existence des indigens, l'esclave du besoin deviendra le plus redoutable ennemi : il est, pour le commun intérêt, utile de réconcilier (*) les richesses avec la misère, en associant l'indigence industrieuse et honnête aux conven-

----

(*) *Fate ben per voi*, disent les mendians italiens aux riches.

tions, aux usages qui font partie de notre sagesse ; de substituer à des aumônes indiscrètes, à des largesses mal distribuées, des travaux lucratifs, une prudente économie ; de remplacer une vanité froide, vaine et frivole, une fausse sensibilité, des expressions consacrées par l'habitude, qui ne rappellent que des malheurs, par une humanité active et sincère. L'expérience de tous les siècles avertit une partie de la société du danger de paralyser l'autre ; mais l'ignorance et l'habitude sont deux oreillers fort doux ; elles écartent tout travail pénible, toute innovation sur tout ; il ne leur faut ni passions, ni sublime dans les mœurs, ou dans les conceptions. Des hommes à courte vue ferment le cœur à la justice, au malheur ; ils exigent que, spectateurs stupides, les indigens, tentés par toutes les jouissances dont on les environne, ne desirent d'en partager quelque faible portion ; qu'ils achètent, pour aggraver leurs maux, par des soumissions et des bassesses, une charité incertaine, humiliante, presque toujours insuffisante. Si ce criminel abandon pouvait encore exister, qu'il y eût une nation assez riche pour répandre des secours gratuits, cette pernicieuse bienfaisance rendrait cet état coupable du plus grand délit politique ; cette charité indiscrète donnerait une prime à

l'oisiveté, anéantirait toute émula-
tion : ce serait faire fleurir la mendicité. Ainsi, en Italie, en Espagne
et ailleurs, les distributions aux
portes de quelques moines peuplent
les grands chemins d'assassins et de
voleurs : un mendiant espagnol,
avec sa guitare et son chapelet, est
un comédien arrogant qui se joue
de sa religion et des hommes. Il n'y
aurait dans ces belles contrées ni
pauvres, peut-être point de scélérats, SI LE TRAVAIL ÉTAIT LA BASE
DE L'ÉDUCATION : un grand bien-
fait du législateur serait de le com-
mander.

« Celui, dit J.-J. Rousseau, qui
« mange dans l'oisiveté ce qu'il n'a
« pas gagné lui-même, vole. Un

« rentier que l'état paie pour ne
« rien faire ne diffère guère à mes
« yeux d'un brigand qui vit aux
« dépens des passans. Hors de la
« société, l'homme isolé, ne devant
« rien à personne, a droit de vivre
« comme il lui plaît : mais dans la
« société il vit nécessairement aux
« dépens des autres ; il leur doit en
« travail le prix de son entretien :
« cela est sans exception. Travail-
« ler est un devoir indispensable
« pour l'homme social : riche ou
« pauvre, puissant ou faible, tout
« citoyen oisif est un fripon. »

Ce reproche de l'auteur du Con-
trat Social ne s'adresse pas au peuple français. Rajeuni par des travaux continuels, le monde phy-

sique, comme le monde moral, est soumis à la loi du travail ; il fait le bonheur des nations comme celui des individus : les plus laborieux sont les plus heureux : le repos du monde en serait le néant. Ce serait un blasphême contre la nature , nous perdrions à comparer nos ris, nos jeux , nos facéties éternelles au travail de ces peuples qui ne les connaissent pas : leur joie est douce , intérieure , durable. Celle des oisifs est sur les lèvres ; celle d'aujourd'hui n'est pas celle du lendemain : ils ne peuvent comprendre que le travail soit la monnaie du plaisir. Conçoit-on que ces maximes, devenues triviales, éprouvent une application aussi difficile ? Qu'il existe un rafinement de l'avarice établie en principe, comme ce que la sagesse humaine aurait de plus sublime, de plus réfléchi, ce qu'elle a de tout tems pensé, d'après laquelle on forcerait les pauvres à la pratique de la diète par une parcimonieuse distribution d'aumônes et de travail, ne serait-ce pas faire vivre des milliers d'hommes dans l'habitude d'un héroïsme continuel et inconnu ?

Si ces vérités, aussi anciennes que la tyrannie, sont affligeantes, et font ressortir les défauts des méthodes employées pour secourir les indigens, elles vont du moins nous présenter de grandes ressources, et donner une plus grande extension à celles que j'indique.

En suivant la série des faits qui entrent nécessairement dans les souvenirs douloureux des maux que souffrent les indigens, qu'on ne m'accuse pas d'exagération: j'adoucirai les tableaux, en écartant ceux qui ne sont pas rigoureusement nécessaires ; mais je ne craindrai pas de montrer mon indignation contre l'idiotisme des oisifs de profession, de quelque couleur qu'ils se parent. A force de nous montrer délicats et précautionnés, écartons cette sagesse, cette hypocrite décence qui, pour éviter de tomber dans quelque erreur révolutionnaire, commanderaient des égards, des ménagemens pour tous les préjugés.

MENDICITÉ.

Attachée, en quelque sorte, à la civilisation, née avec la monarchie, la Mendicité n'est pas comptée parmi les maux de l'état sauvage. Là, des peuplades entières, guidées par leurs besoins, ne connaissent, dans leur férocité, ni des hommes accablés d'honneurs, de toutes les commodités de la vie, ni des mendians à leurs portes, décharnés, mourant de faim, couverts de haillons et de mépris. Quelle est donc cette nation pour laquelle les malheurs n'excitent qu'une pitié passagère? Est-elle sans amour des hommes, sans lois, sans police? Ce sont des républicains, que des idées grandes et libérales ont élevés au-dessus des autres nations, sensibles et généreux, amis des arts, possédant, dans un immense territoire, tous les bienfaits de la nature, tous les moyens propres à améliorer le sort des hommes, et dont cependant le nécrologe criminel offre , en moins d'un siècle , *soixante-dix mille* malheureux , tous sortis de la classe des pauvres mendians frappés par le glaive de la justice.

Je bénis les lois protectrices des associations qui couvrent la terre. En rapprochant, dans un besoin réciproque , des êtres accablés de biens et de maux , l'instinct pourrait sans doute prêter un soutien passager à la faiblesse. Il n'y a qu'une bonté infinie , *une justice vive et éclairée,* capables d'en éterniser la durée , d'affaiblir des intérêts divisés et personnels , pour le maintien du bonheur et de la paix. Je ne reconnais pas , je l'avoue , les avantages , les grands bienfaits d'une civilisation aussi étrange que la nôtre, dans l'accroissement de la mendicité. On dirait que les élémens vicieux de la société sont encouragés par un mauvais génie ; mais on ne me persuadera pas aisément que la misère soit inséparable de la condition des indigens, lorsqu'il se présente surtout des moyens faciles de les soulager. Je n'anticiperai pas sur les idées que je veux proposer.

*Pour guérir cette plaie honteuse du corps social, il faut, quoi qu'il en coûte, rappeler cet inconcevable enchaînement de causes qui ont produit la mendicité, fléau destructeur, l'effroi des campagnes et des villes, devenue une taxe onéreuse, humiliante; fléau plus grand encore sous le point de vue d'économie politique.

Par quelle fatalité, malgré des prodiges de charité, et tandis qu'avec des efforts moins généreux, avec bien moins de ressources, plusieurs états (*la Hollande* entr'autres) se sont affranchis de la men-

---

(*) Il faut en convenir, les maisons de jeu, l'usure font des milliers de malheureux; la cupidité trompée détruit tous les liens sociaux et domestiques. De savans professeurs de biribi, moralistes sévères, assurent que la loterie est la boîte de Pandore, d'où sortirent tous les maux. Censeurs complaisans, qui ne donnez ni une larme, ni un écu aux indigens, qui ne savez vous corriger du moindre ridicule, qu'aurez-vous gagné si, ne soulageant pas le pauvre, vous lui enlevez jusqu'à l'espérance? Ne savez-vous pas que, pour lui, espérer c'est jouir? Le destin, la fatalité se composent de chances positives : notre imprévoyance seule nous empêche de les fixer.

dicité, la France, puissante et agricole, offre-t-elle encore une masse effrayante d'indigens et de terres incultes ? Pourquoi les efforts, l'accord unanime de tous les peuples, le courage, les talens réunis, le plus sublime dévouement de quelques hommes vertueux, sensibles, échappés à la corruption de leur siècle, n'ont-ils pu bannir la mendicité ? Quelle est enfin la cause de ses progrès contagieux, plus grands qu'on ne serait tenté de le croire par le petit nombre de pauvres qui se présentent à nos regards ? L'orgueil étouffe cette vérité : jamais aucune loi n'a été portée en faveur du pauvre ; l'aumône a été constamment regardée comme un don, et non comme un devoir dirigé vers l'utilité générale. La vanité rend libéral ; elle permet rarement d'être juste.

Fille de l'oppression, de la paresse, de la grande inégalité dans le partage des biens, des professions, (*) qui, pour quel-

______

(*) Ce monstre de la société, le luxe mal entendu, rappelle celui des chefs de nègres marrons qu'on voyait, au Cap-Français, en habits d'écarlatte, galonnés sur toutes les coutures, sans chemise et sans souliers.

ques riches, font des milliers d'oisifs, la mendicité est la suite inévitable de ce délire si long-tems prolongé, qui, après avoir honoré les pauvres d'esprit, transformé en vertus l'humiliation, la misère, les sanctifiait, y attachait des récompenses éternelles. On l'a dit, et combien de fois faudra-t-il le redire encore pour être entendu ? la pauvreté engendre l'ignorance, et s'oppose à toute industrie. Le luxe ! (1) quel état n'a-t-il pas perdu !

(*) *Minos*, qu'*Hériode* appelle le roi des rois mortels, entreprit de rendre les hommes heureux en les rendant vertueux : il établit la communauté des biens. (*Science du gouvernement*, par RÉAL, t. 3, fol. 4. — PLUTARQUE. *Vie de Lycurgue.*) Les oisifs étaient sévèrement punis. L'égalité établie par le législateur ne permettait à personne de s'affranchir du travail; les repas étaient pris en commun. Que penseront les partisans de la royauté, lorsqu'on leur rappellera qu'*Agis*, venant de remporter une grande victoire sur les Athéniens, crut pouvoir souper chez lui avec la reine sa femme ? Il envoya demander sa portion; les Polemarques la lui refusèrent. Il fut obligé de venir manger à la table publique. (Œuvres d'anté-rior, his., t. 3., ch. XXXIV.)

Malheur à qui n'en sent pas les suites funestes ! Dangereux parmi nous, par une imitation servile et misérable, il commande le faste, et flétrit la simplicité modeste ; il fait des riches mal-aisés et ridicules. Le luxe particulier dessèche l'ame, la rend avare de bienfaits. Le défaut de censure publique accrédite toutes les faiblesses de l'esprit, l'imbécille et funeste légéreté qu'on nous reproche ; enfin, le mépris des hommes, l'oubli des lois naturelles multiplient les pauvres. On voudrait, d'ailleurs, vainement se dissimuler que les prétextes n'ont jamais manqué ponr étouffer leurs plaintes, en établissant, par toutes sortes de moyens, la solidité des propriétés. Les passions, les distractions habituelles de l'opulence lui auraient-elles permis d'assurer les droits du pauvre, d'avoir pour lui cette sensibilité affectueuse, nécessaire à ses besoins journaliers ? Elle seule donne un nouveau prix à la plus légère aumône. La vraie charité pourrait-elle se trouver avec la richesse et l'égoïsme ?

(*) Aucun motif particulier ne peut rendre suspecte la louange ou la critique ; je n'ai pas la prétention extravagante, dans un écrit entrepris pour la défense des pauvres, de diminuer aucune des ressources qui leur sont offertes : j'examine avec impartialité si elles peuvent balancer leurs maux, satisfaire à ce principe sacré pour tout cœur sensible qui veut sincèrement un adoucissement aux malheurs des indigens ; pour quelques-uns qu'on soulage avec ostentation, s'il en est un plus grand nombre qui ne reçoivent que des secours imaginaires et même dangereux ; si l'on a pu satisfaire aux droits des pauvres avec des *hôpitaux*, des *ateliers*, des *prisons*, la *déportation à Cayenne*.

(*) « Il existe une dureté de complexion, une « autre de condition et d'état : un bon financier « ne pleure ni ses amis, ni sa femme ni ses en- « fans. » (LA BRUYÈRE.)

Les riches n'estiment les hommes qu'autant qu'ils sont les instrumens de la richesse et de l'avarice.

LES HÔPITAUX.

MALHEUR à l'état qui a tant d'hôpitaux ! l'orgueil en a plus élevés que toutes
les vertus ensemble. Respectables par
l'intention presque toujours trompée des
fondateurs, ces palais du malheur, où
de générations entières vont se perdre,
où la santé la plus vigoureuse contracte
quelque maladie, plus affreux mille fois
que les anciennes *léproseries*, étalent la
magnificence sur leur frontispice, et re-
poussent de leur enceinte la plus profonde
indigence. J'ai vu des malades demander
la faveur de mourir à la porte de ces tom-
beaux : le pauvre craint plus l'hôpital que
la misère.

Entrez dans un hôpital, calculateurs
politiques, l'air mal sain que vous res-

pirez vous annonce que vous allez trouver l'espèce humaine dégradée , abâtardie ; l'atmosphère ne porte plus dans les poumons qu'un air vicié et sans ressort ; avec lui , vous respirez des miasmes putrides, l'haleine de la mort. Les maladies les plus simples s'y compliquent ; les fièvres , le scorbut et la galle y sont endémiques : les victimes de la misère , livrées à toutes les angoisses, trouvent un trépas trop lent dans les asiles où elles étaient venues chercher la vie. Les assassinats de l'avarice sont , il est vrai, plus rares. Les cris de la nature se font entendre de toutes parts , ils remplissent de remords les oppresseurs du monde ; jamais on ne s'est occupé avec autant d'intérêt de l'amélioration du sort de l'espèce humaine. (*) Une grande révolution , source intarissable de biens et de dou-

------

(*) L'imprévoyance, le brigandage ne disputent plus une faible portion d'air et de sommeil aux malades : des hospices de Paris présentent l'ordre, la charité , l'humanité consolante. On n'atteindra

ceurs consolantes , s'est opérée à l'avan-

---

jamais à une amélioration réelle dans cette partie ,
tant que ces grands dépôts ne seront pas divisés.
Un relevé de l'Hôtel-Dieu de Paris, que j'ai sous les
yeux , porte à cinq mille , par année , le nombre
de morts. Dans d'autres hôpitaux , il périt un cin-
quième , un huitième , un neuvième de malades.
On a oublié les services des Templiers , ces premiers hospitaliers sacrifiés à la cupidité d'un roi
de France et d'un pape : on trouvait leurs hospices
dans des lieux les plus sauvages , dans les gorges
des montagnes, et les passages les plus dangereux.
Louis XIV est , en quelque sorte , le fondateur
des hôpitaux en France : il dota celui de Paris , y
entassa trois mille mendians valides et invalides.
On ne cessait de vanter cet établissement , on bé-
nissait Dieu à mesure que la foule des indigens
augmentait. Le nombre de mendians s'accrut en
proportion du nombre d'hôpitaux élevés dans les
principales villes. Les frais de régie , les banque-
routes , les vols n'eurent plus de terme..... Un
marquis de Rhodes , (pour ne pas chercher des
exemples plus nombreux et plus récens) ruiné
par l'exploitation des mines des Pyrénées , fit ,
sous le même monarque , une grande fortune en
devenant économe d'un hôpital.

(Mémoires sur la Mendicité.)

tage de tous les peuples. On ne se méprendra pas aux invectives dirigées contre la philosophie moderne : grâces lui soient rendues ! elle nous a débarrassés, en quelques mois, des préjugés honteux de plusieurs siècles. Les indigens, on en conviendra, soignés avec une charité éclairée, ne sont plus entassés sur des lits cadavreux. Les biens rendus aux hospices ! des soupes à la Rumfort !... les plaisirs des riches mis à contribution ! quel consolant tableau ! On pensera qu'il n'y a plus rien à faire ni à dire ; on s'étonnera, peut-être, qu'au sein d'une humanité aussi attentive, on puisse témoigner des inquié-

---

Combien de voleurs des pauvres je pourrais signaler, s'il était permis de désigner les hypocrites, les bride-oisons du tems, et les crimes de ceux qui crient contre la démoralisation du peuple !!!

L'hypocrite humanité des tyrans a inventé mille moyens d'éteindre la mendicité ; elle a pensé à tous, excepté à celui qu'elle ne voulait pas employer ; elle a bâti des hôpitaux pour y renfermer des bras qui demandaient du travail, parce qu'elle était assurée d'y trouver des esclaves.

tudes indiscrètes, qu'on cherche dans des abus passés des ressources au moins superflues pour l'avenir.... Quelques développemens sont indispensables.

Ne nous flattons pas d'être à l'abri des révolutions morales ou physiques : l'éclat des plus brillantes prospérités qui nous promettent tant de bonheur, une dissimulation circonspecte , injurieuse pour tout citoyen qui aime son devoir, ne peuvent détruire des faits connus. Je n'accuse personne ; détracteur des secours établis , je n'accuse pas même la corruption générale, en employant une sensibilité hypocrite. Ce qui, dans tout autre ouvrage, serait une complaisante bienséance, appartient ici à la vérité. Il n'est que trop certain, on peut aisément s'en convaincre , qu'il existe une mendicité plus ou moins déguisée , plus ou moins frappante , non cette pauvreté idéale, fardée de luxe , qui ne se fait sentir que dans des besoins artificiels, mais le plus complet, le plus effroyable dénuement. Qu'ils cessent de promener des regards vagues et distraits sur les indigens, ces témoins tranquilles de leurs longues souffrances ! Qu'ils aillent dans nos grandes villes, et ne s'arrêtent pas aux rendez-vous des oisifs, qui leur sont spécialement réservés ; ils verront le nombre, l'extrême misère des habitans, la nudité de leurs maisons, plus d'un tiers de la population condamné à l'aumône ! Le zèle des comités de bienfaisance ne fait, pour ainsi dire, qu'accroître la misère.

Je ne parle pas seulement des honorables victimes (*) de la révolution, des mi-

---

(*) L'admiration, la reconnaissance se confondent : le courage invincible, la modestie touchante de nos guerriers les élèvent au-dessus de tous les modèles de l'antiquité. L'héroïsme est une qualité commune à tous les soldats français : généraux et soldats, tous ont dû vivre du produit trop souvent arriéré de leur solde ; tous sont donc appauvris : tous n'ont reçu, comme *Epiménide* qu'un rameau de l'olivier sacré d'Athènes. Opposons à cette générosité si rares un passage des *économies royales...* Sully avoue qu'il reçut d'une vieille, au siège de Villefranche, une bourse de mille écus en or pour lui sauver la vie. Le vertueux ministre compte l'argent que lui valut la

litaires , des pensionnaires , des rentiers ,
des femmes , que vous voyez par troupes ,
courir les départemens, n'ayant qu'un sein
desséché par la misère, des nombreux enfans perdus , les hospices ne peuvent les
contenir. (*) Je ne désigne pas seulement
ceux qui , couverts de lambeaux et d'op-
probre , traînent une vie languissante ;
la beauté, l'innocence, exposées à toutes

---

guerre civile , et entr'autres les trois mille écus de
pillages qu'il gagna à l'attaque du faubourg Ger-
main , durant le siège de Paris.

(*) On suppose , d'une part , soixante mille
enfans avoués , et de l'autre soixante mille
orphelins ; Paris, année commune , en fournit
6,419 : en vingt années, la mort enlève treize mille
des premiers ; dans la seconde , cinquante-quatre
mille. Le lait de chèvre pour l'estomac des enfans
délicats ; celui de vache pour le plus grand nombre
d'enfans , peuvent être substitués à des nourrices
mercenaires infectées. Dans le nord , des vache-
ries , des laiteries les remplacent avec succès.
Pour faire cesser la mortalité de ces enfans, trans-
portés sur des charrettes , avec l'abandon le plus
cruel, le bon sens, la police suppléeront au silence
coupable des médecins.

les séductions ; ces infortunés qu'une pudeur légitime empêche de mendier ou-
vertement , qui languissent en secret
dans une affreuse misère, se nourrissent
du pain des larmes , ou, pour en man-
quer , terminent leur affreuse existence :
car il en coûte plus qu'on ne pense pour
demander l'aumône ; on ne descend pas
sans de rudes combats à cette humiliation,
pour affronter avec courage les ridicules
l'insulte et l'injustice.

Au seul nom de pauvre *orphelin*, de
ces victimes de la mort, de l'abandon et
de la misère, on sent ses entrailles émues
de compassion ! Il est permis de demander s'il est des hommes qui maudissent la
fécondité ; s'il est tems d'éloigner cette
charité fastueuse, qui n'aurait des yeux
que pour des misères d'éclat, lorsqu'on
sait que la charité délicate et profonde
perce les ténèbres que la honte lui oppose. Elle s'est si souvent égarée, en
suivant les routes frayées, qu'il doit être
permis de la ramener a une amélioration
possible, par des voies qui cesseront de
paraître extraordinaires.

ATELIERS DE BIENFAISANCE.

Le tems, si rapide pour le mal, se traîne avec lenteur quand il s'agit d'opérer quelque bien. On a vu ce qui se passe dans les maisons de secours : combien il a fallu de siècles pour démontrer les innombrables dangers du régime d'hôpitaux dont on voulait couvrir et infecter le sol de la France ! Les préventions en faveur des ateliers de travail sont, malgré l'insuffisance reconnue de ces établissemens, plus grandes encore.

Indépendamment de ce que ces ateliers n'offrent que des avantages incertains et passagers, qu'on y emprisonne les mendians pour les appliquer indifféremment, de gré ou de force, à des travaux dont un entrepreneur s'arroge les profits, sans en partager les fatigues, ce système, entaché du double vice de faire abhorrer le travail, et de faire revivre l'esclavage, éloigne les mendians de tout commerce avec la société. Entassés comme des bêtes fauves, mal nourris, mal vêtus, opprimés de leur misère, de la vermine, d'une rage étouffée qui les suffoque, traités comme des scélérats, dans leurs souffrances, mornes, stupides, l'ignorance les isole ; ils n'ont rien à se communiquer ; il n'existe entre eux d'autre lien que celui du malheur. On a fait, sans le vouloir, une plaie mortelle à la morale, à l'innocente et honorable simplicité du peuple, en plaçant le crime à côté de la misère. Dans ces dépôts, ateliers ou prisons, comme vous voudrez les appeler, les gémissemens sont inutiles, et les cris regardés comme une rebellion. Les pauvres sortent de ces retraites infirmes, sans talens pour servir la patrie, sans desir de lui être utile. On ne peut en faire ni de bons artisans, ni de bons citoyens : les ateliers sont des pépinières pour la mendicité et les hôpitaux.

Tant de fléaux accumulés sur la tête des indigens embarrasseraient nos optimistes. Ecartons des détails affligeans, ne rappelons les circonstances, les désastres sans nombre qui accablent des hommes malheureux, que pour les entourer de toutes les affections humaines. Touché de la situation avilie et presque inconnue des indigens, j'ai interrogé le souvenir des ames ouvertes à l'infortune ; il n'est pas de bien qu'elles n'aient pu faire. Mais, il faut en convenir, plus généreuses qu'éclairées dans leurs affections, les connaissances communes, faciles leur ont manqué ; elles se sont arrêtées à l'origine des malheurs qui affligent les indigens. On voit encore aujourd'hui la routine, d'accord avec les têtes vides et frivoles, avec les esprits paresseux, intéressés, et d'une raison sans mouvement, repousser (*) les vérités d'une exécution la moins compliquée. Le moindre inconvénient de

---

(*) Des clubs entiers de propriétaires anglais (on ne leur refusera pas de connaître leurs intérêts) se sont réunis pour former des établisse-

cette bienfaisance trop souvent livrée à une imitation passagère, on dirait presqu'à la mode, au caprice, c'est qu'en voulant soulager tous les pauvres on n'en soulage aucun : on imite, sans le vouloir, cet insensé que nous avons vu à Paris faire des pauvres, pour se procurer la jouissance de les nourrir. Ainsi, les craintes, les rêves des cœurs sensibles et malheureux, en s'écartant involontairement, sans doute, d'une pratique évidemment la seule profitable à la société, aux indigens, la seule qui, dans l'ordre des détails, forme le code des règles et des principes, ont provoqué, par un mélange bizarre de générosité, de faiblesse, de cruauté, tantôt des mesures d'une police sévère, tantôt des distributions, des dotations, rarement profitables aux véritables pauvres.

Qui peut douter maintenant que le sort des vrais pauvres puisse dépendre des

---

mens ; ils contribuent en proportion de leur fortune : les pauvres y travaillent à leur profit. Ces bienfaits ne sont pas des chaînes.

fatigues, des craintes, d'une ame supers-
titieuse tourmentée de remords, d'une
émotion rapide et passagère, des senti-
mens ou des vertus privées, d'une répu-
gnance dont on ne peut se défendre, qui
étouffe souvent jusqu'à la pitié ? La pitié,
aime aussi ce qui est nouveau : tout le
cœur humain est volage.

L'existence des pauvres doit, comme
toutes les propriétés, reposer sur des fon-
demens immuables, d'une justice nécessaire. Les vertus bienfaisantes embellis-
sent l'édifice de la société, mais n'en sont
pas les bases. Craignez les erreurs des
ames honnêtes ; opposez la loi à ce qu'un
magistrat célèbre (*) appelle le *crime
des gens de bien.*

Pour parvenir à ce résultat heureux,
à cette affection mutuelle, dans laquelle tous les membres de la société
sont attirés vers un centre commun de
reconnaissance et d'affection, qu'on pense
donc à l'extrême facilité qu'on aura de
donner des secours aux indigens.

(*) D'Aguesseau.

La terre, affranchie de plusieurs assu-
jétissemens honteux, appelle non-seule-
ment ceux pour lesquels elle est une
distraction, mais plus particulièrement
ceux qui veulent et peuvent la cultiver.
Ce sont là, je crois, ses véritables créan-
ciers. La terre n'est jamais plus libérale,
et ne demande si peu de soins que lorsqu'on exige d'elle des alimens communs
et salubres, précieuse destination de la
nature, qui doit assurer le domaine de
l'indigent.

On a dit au pauvre : Ne négligeons aucune objection pour ne pas perdre l'oc-
casion d'y répondre, car il semble que
toutes les qualités qui doivent rendre un
homme digne d'estime et de mépris sont
renfermées dans l'opulence ou dans la
pauvreté. On a voulu accréditer cette opinion, que les grands propriétaires per-
fectionnent et augmentent les moyens de
travail : quelques riches, on en convien-
dre facilement, c'est le petit nombre,
attaquent quelques-unes des nombreuses
sources de l'indigence. On a répondu cent

fois : Les partisans des abus sont incorrigibles ; que, pour quelques malheureux soulagés avec faste, les mœurs publiques, le désœuvrement en font chaque jour des milliers, qui périssent sans secours : intéressés et sans prévoyance, tremblans au seul nom d'égalité, de partage et de loi agraire, les riches voient autant d'ennemis dans leurs salariés. La société ne peut exister entre ceux qui sont toujours prêts à se blesser, à se nuire les uns les autres. Toutes les époques de notre histoire présentent les suites funestes de ces divisions : l'insurrection des *Maillotins* contre les nobles, vers 1357 ; (*) la guerre des chaumières contre les châteaux en 1789, n'avaient pas pour cause unique des idées d'une liberté exagérée, par ceux-là même qui n'en voulaient aucune : c'étaient la morgue et l'opulence aux prises avec la misère. La tyrannie de

---

(*) Les paysans, disent les historiens, réduits au désespoir par les violences de la noblesse, brûlèrent les châteaux, firent d'horribles massacres, etc., etc.

Louis XIV , les crimes de ses émissai-
res , les dragonades , les proscriptions
ont, après un siècle, trouvé des ven-
geurs.

Il n'est qu'un moyen de faire cesser
cette guerre intestine, de ramener, non
pas un équilibre imaginaire dans les for-
tunes, mais une égalité nécessaire et bien-
séante ; de rassurer le riche laborieux
en assurant le sort du pauvre. Depuis
qu'il n'a eu propriété que sa misère , le
désespoir et le découragement ont suc-
cédé dans son ame. Tout système , quelqu'ingénieux d'ailleurs qu'il paraisse dans
la spéculation, s'il ne porte pas sur une amélioration réelle , doit essentiellement s'é-
crouler: une nation éclairée ne peut plus
se contenter d'un vain appareil d'humanité. J'examinerai bientôt comment on
peut appliquer à l'organisation actuelle
ce principe éternel, qu'on peut opprimer ,
mais qu'on ne peut détruire, d'après le-
quel le bonheur général exige que le
travail de tous devienne l'existence commune. La nécessité de le rappeler doit

d'autant plus se faire sentir , qu'il n'existe
qu'un arbitraire honteux qui prouve l'in-
dignité de notre avarice : c'est elle qui,
ne pouvant anéantir l'existence, a pro-
noncé des peines rigoureuses contre les
mendians échappés à leurs prisons ; elle
a confisqué leurs personnes , et fait le
procès à la nature, qui leur a donné des
dents et un estomac.

« Êtes-vous bien sûrs (disait un orateur
« célèbre *) que tant d'hommes sans
« pain vous laissent tranquillement sa-
« vourer les mets dont vous n'aurez voulu
« diminuer ni le nombre, ni la délica-
« tesse ? Non : vous périrez........ »

La justice, l'autorité, qu'elle doit con-
server pour le bonheur général et particulier, quelque systême politique qu'on
embrasse, s'élèvent contre cette barbarie. Ces barrières oppressives , élevées,
d'homme à homme , par le besoin, la
force et la vanité , doivent être rem-

____

(*) Mirabeau.

placées par une bienfaisance commune.
N'en doutons pas; les pauvres, devenus
d'utiles et paisibles colons, assujétis à
une vie calme et sédentaire, tourneront
vers leurs bienfaiteurs des regards atten-
dris et reconnaissans. On aura enfin trouvé
la solution du plus important problême
politique, la destruction de la mendicité.
On aura rompu ce cours, que le des-
potisme donnait à la richesse, pour en
faire un instrument de sa puissance. C'est
au génie de la république à indiquer à la
fortune l'emploi qu'elle doit faire de ses
moyens, à projeter les bienfaits dans les
races futures.

MOYENS
DE DÉTRUIRE LA MENDICITÉ.

Oɴ n'a pas conçu l'espoir absurde de créer un projet exempt de toute critique : celui d'éteindre la mendicité embrasse nécessairement celui de former des établissemens utiles, d'attacher les pauvres à la société par une propriété territoriale. Laissons ces arts inventés à la honte de ceux qui les exercent. Les arts, et même les ateliers libres, conviennent moins au peuple indigent que la culture des terres : elle leur offre des travaux constans, dont les retours sont périodiques, sur lesquels il peut compter. La plupart des manufactures, n'étant pas de première nécessité, sont sujètes à des vicissitudes, à des variations, à des interruptions, qui enlèvent tout à coup aux ouvriers les moyens de subsistance ; il ne faut qu'un changement de mode pour les ruiner. Les plumes des femmes de Paris font gémir plus de vingt mille ouvriers en dentelles. Cent mille, au moins, sont occupés, dans cette grande ville, à satisfaire le luxe et les fantaisies ; mais on n'invente pas une mode nouvelle, que des milliers de bras ne soient paralysés. Les villes manufacturières sont celles où la misère se fait le plus sentir.

(*) Les ouvriers de luxe procurent un grand commerce. *Colbert* en conviendrait : *Sully* méprisait cette opinion. Un peuple ne peut avoir les greniers et les manufactures des nations ; il faut opter entre ces deux objets. Les *Égyptiens* ne se méprirent pas dans le choix. *Carthage*, imitant, dans ses fertiles conquêtes, la police de *Tyr*, défendit aux *Sardes* et aux *Corses* d'ensemencer leurs terres. Si l'on en croit *Diodore* de *Sicile*, et *Appien*, les Gaules, couvertes de moissons et de forêts, étaient peuplées de *deux cents millions* d'habitans. Quoi qu'on puisse penser de ce calcul,

---

(*) *Mémoire sur la Mendicité.*

pourquoi préférer des richesses factices à de biens réels ? Pourquoi, lorsqu'on possède un sol fertile, vivre aux dépens d'autrui ? Pourquoi préférer des hommes que *Sparte* aurait rejetés de sa cité ; que *Rome* n'aurait pas admis dans ses légions, à ceux qui furent toujours la force des états ? Riches en moissons, ne craignons pas d'être privés du secours des arts, de tous les agrémens qui les environnent ; ils viendront se placer à côté de nos charrues, par cette alliance auguste de la liberté, de la science et des mœurs.

Je ne trace que des esquisses imparfaites de la liaison essentielle du travail avec le bonheur. Plus précieuse que l'abondance et la fertilité des campagnes, l'agriculture procure une incorruptibilité que le travail assure. Nos guérets, plus riches que le *Potosy*, offriront des secours aux indigens ; de la distribution assurée du travail naîtra la juste repression des paresseux : ils sont parmi nous une espèce d'estropiés. Le besoin est un ennemi qu'on terrasse par le travail. Les imbécilles eux-mêmes, et les fous, quand ils sont hors de leurs accès, ne doivent pas rester oisifs.

Toute la morale du pauvre est renfermée dans ce mot : *travailler*. Sa vie toute entière est dans ses bras : avec une hache et sa robuste santé, un bûcheron ne laisse pas de dîner gaîment, et de rire d'un riche mal-aisé, réduit aux expédiens. Combien de riches en vaudraient mieux si la nécessité de travailler avait chez eux prévenu la mollesse ! combien d'hommes par le travail ont ennobli la pauvreté ! Déjà, content de son état, sans autre bien que le soleil, cet innocent oubli de la peine est un art que l'opulence indolente, excédée de tristesse et d'ennui, envie à l'indigent. L'homme laborieux enchaîne le hasard. *Les dieux accordent tout à nos labeurs.*

Chez cette nation même où le *spleen* produit tant de morts volontaires, sont-ce les hommes laborieux qui en sont atteints ? Quelle espèce de vapeur ne céderait au travail ? Il ne s'agit pour le pauvre que de le rendre permanent comme ses besoins ; délassement sans peine et sans dégoût, étranger aux contraintes. On s'est peu occupé de ces circonstances, que je regarde comme les plus importantes, et peut-être c'est en quoi cet écrit diffère essentiellement de ceux qui ont précédé.

Un des premiers avantages du retour au travail sera la soustraction de l'aumône : elle rompra le plus honteux des liens de l'indigent, celui qui, engourdissant ses membres, ne lui laisse l'usage de ses mains que pour recevoir. Dénué de cette ressource, il ne lui restera que l'alternative ; elle ne sera ni dure ni injuste, de travailler, ou de mourir de faim : bientôt le pain qu'il aura semé lui paraîtra le meilleur. (*) Le bonheur fuit l'homme oisif : travailler, c'est réaliser

---

(*) Il en coûte de refuser celui qui nous tend la main. Veut-on, cependant, n'avoir plus de pauvres, qu'on ne donne jamais l'aumône à ceux qui mendient. Allez au-devant du pauvre ; rendez-lui la vie ; elle n'est qu'un songe pour tant d'autres !

Rendus à leurs droits légitimes, n'ayant plus de prétextes , les pauvres qui se livreraient au vagabondage , aux vices de leur ancienne condition , seront réprimés avec justice ; ceux qui refuseraient le travail , serviraient aux travaux publics. La sévérité ne portera plus sur la masse entière, sur ceux qui manquent de travail comme sur ceux qui le refusent.

Les pauvres , que de véritables malheurs ont réduits à la mendicité , ne quittent guère , pour une vie errante, les pays qui les ont vu naître ; chaque département les reconnaîtra dans des listes des *pauvres valides, sans propriété , ni industrie.* Les *importuns* seront facilement recon-

---

le travail nécessaire , vous n'aurez besoin ni de lois repressives, ni de dépôts, ni de gendarmerie. Coupable envers la société , en donnant l'aumône à celui qui vit de notre pitié ; coupable envers l'humanité en refusant au pauvre la compassion qu'il mérite , il faut savoir choisir.

nus : ils assiègent les grands chemins, les villes, les campagnes ; ils forment les divisions d'une grande armée : elle a ses chefs, ses mots d'ordre ; on les trouve dans les foires, les marchés, aux portes des temples : il n'est pas de calcul, de détail minutieux qui empêchent de connaître le moyen d'existence de chaque mendiant.

Des combinaisons établies sur des dénombremens exacts des biens communaux de chaque canton, prouveront que les communes possédant des terres incultes sont, proportionnément à l'étendue du territoire, celles où l'on compte le moins d'habitans, le moins de bestiaux, le moins d'aisance.

Lorsque, dans le cours de mes voyages, je trouve quelque hameau qui ne présente à mes yeux que des hommes dégénérés, des animaux étiques, je suis certain qu'il y a des communaux en friche ; rarement je me suis trompé. Il est démontré que des terreins vagues et communs, qui offrent au soc un ouvrage facile, une couche épaisse de terre productive à ouvrir, ne rendent pas le dixième de ce qu'ils produiraient cultivés et morcelés. Faites cesser les irrésolutions sur le partage et l'emploi des terres sans valeur, cette innovation triomphera des préjugés et des terreurs qu'ils entretiennent. L'équité défend d'enlever les communes aux propriétaires ; l'intérêt général ordonne de les défricher : il veut, dans le cas où il ne s'en trouve pas suffisamment pour les pauvres d'un canton ou d'un département, qu'il en soit pris la quantité nécessaire dans les cantons ou les départemens voisins. Rien dans la nature n'est condamné à la nullité.

Des calculs, qui paraissent exacts, élèvent, malgré les dessèchemens qui ont eu lieu, à plus de *six millions d'arpens* les terres ensevelies sous les eaux, ou hérissées de bruyères. (*) Qui aurait dit, il y a deux siècles, que l'on verrait sortir du fond de l'eau, des marais, de la mer

(*) GRIGNON. *Mémoire sur la Mendicité.*

4

même ; une terre devenue fertile, cou-
verte d'un peuple nombreux ? C'est le mi-
racle du travail. Je ne crains pas d'avancer
que ces terreins rendus à la culture par
les desséchemens, excéderaient un revenu
annuel de plus de trente millions, et don-
neraient l'existence à cinq cents mille
individus, si, dans une entreprise aussi
vaste d'une bienfaisance aussi salutaire,
on ne laisse rien à l'arbitraire, ni à la
lutte des intérêts particuliers.

En adoptant le seul plan utile, si l'on veut
sérieusement secourir les indigens, un dé-
sert de plus de *cent lieues*, entre *Bordeaux*
et *Bayonne*, sous le beau ciel du midi, au
sein des contrées les plus fertiles, ne pré-
sentera plus l'aspect de la stérilité, de l'a-
bandon, et n'accusera pas l'homme d'in-
gratitude. D'abondantes moissons rem-
placeraient aujourd'hui des forêts de pins
maritimes, de chênes verts, si l'insouciance de l'ancien gouvernement avait permis de défricher les landes. Cette vaste solitude n'est pas la seule : la ci-devant *Pro-*
vence, la *Champagne, toujours pouil-*
leuse, présentent le plus affligeant tableau

pour une nation agricole. Le sol de ces landes sauvages ne laisse aucun accès intérieur aux influences de l'air : le soleil, qui féconde la terre, dessèche ici tous les germes de végétation.

Un autre avantage du défrichement de ces landes, d'où sortent ces épidémies meurtrières qui désolent les campagnes, serait celui de les voir mieux distribuées, et d'une culture plus facile. Un *code rural* remettrait les choses à leur place naturelle, en faisant disparaître l'influence maligne des astres, les préventions, les terreurs, les empyriques. Ce code fixerait la destination, l'emploi des terres ; les terres arides ou submergées, changées en champ de blés et jardins, en prairies ; les côteaux inaccessibles à la charrue, plantés en vignes, en bois. (*)

On verra les hommes se multiplier dans ces mêmes lieux que la nature ou plutôt l'insouciance de l'homme avaient

---

(*) *Apertos Bacchus amat colles , ibi felicius uvæ.... Hic segetes.* VIRGILE.

frappés de stérilité , et semblaient avoir condamnés à une solitude éternelle.

L'amélioration de l'agriculture conduira nécessairement à la connaissance de beaucoup de plantes , dont les extraits pourraient fournir, en tout tems, en tous lieux , une nourriture saine et facile à préparer; notre ignorance inexcusable augmente la surprise de trouver, dans nos vieux historiens, des tems où l'on a mangé des animaux dégoûtans , et qu'on n'ait pas placé dans la classe des végétaux utiles à l'homme ceux qui sont livrés aux animaux , ou qui dépérissent sur la terre. Les indiquer , ce serait faire plus que la sagesse et la puissance réunies : ce serait prévenir les disettes , et mettre le peuple dans l'aisance. Cette découverte serait d'une autre importance que la promesse , jamais réalisée , de donner une *poule au pot,* que nos bons habitans de la campagne mangeaient rarement avant le 14 juillet 1789.

On est forcé de convenir qu'au milieu

des dissensions politiques, les mœurs du peuple se sont renouvelées : plus actif, plus laborieux, il annonce une aisance, la campagne une culture plus assidue, des habitations plus saines. (1) On rappelle, avec une humanité trompeuse, des malheurs, sans parler des biens immenses qu'on a obtenus. Les eaux qui font sortir du sein de la terre des moissons verdoyantes, s'échappent de ces sombres

---

(*) Des empoisonneurs, apôtres de toutes les tyrannies, dissimulent les vertus, la force du peuple ; ils accusent sans cesse sa morale : ce reproche manque rarement d'avoir son effet, je ne dis pas sur de sincères amis des mœurs, mais sur des hypocrites, dont le scandale continuel énerve les vertus mâles et austères d'une classe qu'on voudrait avilir. Les mendians les plus dangereux sont les escrocs, les chevaliers d'industrie, les saltimbanques, les aventuriers, les oisifs, qui encombrent les villes, insultent l'artisan laborieux et économe. Enfans perdus de tous les partis, ils se jètent sur toutes les routes avec un front d'airain ; endurcis à la diffamation, ils échappent au ridicule.

nuées qui promènent sur nos têtes la fou-
dre et les orages. Si le bien ne coûtait jamais de larmes à l'humanité, sans doute il
n'aurait pas de contradicteur.

Cette prospérité augmentera par les dé-
frichemens et la culture des immenses dé-
laissemens de la mer. Ceux qui en seront
susceptibles permettront la construction
de chaumières dans tous les lieux où une
famille voudra former un établissement.
Chacune de ces chaumières, entourées
d'une portion de terre, séparées, ne formant jamais d'entassemens d'hommes ,
pour écarter toutes les combinaisons possibles de corruption physique et morale,
seront autant de temples élevés à l'humanité, autrement intéressans que des monumens de marbre, qui ne disent rien au
cœur, rien à l'esprit. La république aura
un jour ses monumens ; les bases en seront
jetées sur la prospérité. Ils seront austères
comme les mœurs, et consacrés à la gloire
de la nation. On a , à grands frais,
embelli les villes ; la plupart ont de
vastes et belles promenades pour les dé-
sœuvrés : on n'a rien fait pour les cam-

pagnes. Le mécanisme du laboureur est ce qu'elle était il y a plusieurs siècles ; les *in-folio* des auteurs d'économie rurale, hors de sa portée, ne sauraient le changer : l'habitant de la campagne est livré à toutes les erreurs : prodigue pour des imposteurs qui conservent les autels ensanglantés de la superstition sur les débris du culte de la vertu et de la morale de la nature, il se refuse des habitations commodes, des alimens salubres ; son insouciance sur sa santé est extrême : il est pauvre au sein des véritables richesses. Ses habitudes sont plus fortes que les meilleures raisons : imbécilles que nous sommes, nous prétendons corriger les défauts de l'humanité en préchant des maximes !

En augmentant les revenus publics, ces colonies intérieures assureront à la nation tous les avantages d'une population toujours croissante et active ; elles seront pour nous des greniers d'abondance, plus précieux que ne l'étaient pour les Romains l'*Egypte* et la *Sicile*. Je ne sais si je m'abuse, mais je ne doute pas que ces moyens ne soient propres à enlever la superfétation des villes, en soulageant les indigens.

Quoi! tout ce qui ne serait pas dans les mœurs des cités, les tableaux de l'innocence heureuse, la félicité du cultivateur au milieu de ses guérets, ne diraient rien à nos cœurs! on regarderait comme des fadeurs pastorales, des chimères ridicules la vie du pasteur, dans un climat au choix de celui qui n'a rien, à qui on assurerait une propriété! N'en doutons pas, il est des infortunés dont l'éducation augmente les malheurs : d'honnêtes citoyens, des hommes de lettres, qui fixeraient leur séjour à la campagne, y goûteraient des momens de bonheur, ne dédaigneraient pas d'y posséder un héritage, d'y tracer un sillon, d'y contempler, au sein d'une vie tranquille, les paysages du Poussin. Plus d'un sage saurait allier le génie et la bonté, la simplicité qu'on trouve aux champs, leurs plaisirs purs et tranquilles, aux talens, aux qualités plus douces qui donnent le bonheur ! Pour rendre l'homme au travail , un dieu versa l'ennui....

Ces hommes , autrefois si fiers, que l'inconstance de la fortune a précipités du haut de sa roue, que je n'accuse pas, puisqu'ils sont malheureux, quel autre parti leur reste-t-il que de se livrer à un travail solide? Qu'ont gagné ces héros disgraciés, qui nous vantaient si orgueil-leusement les services de leurs ancêtres ? Marius, assis sur les ruines de Carthage, n'approchait pas de la grandeur d'ame et du bonheur de Thémistocle, servant son pays , qui l'avait exilé ; ni de ce dic-tateur qui, dépouillé des faisceaux qu'on portait devant lui, retournait à sa char-rue, et se trouvait plus heureux de culti-ver les champs de ses pères que de com-mander à ses concitoyens.....

Il ne s'agit que de donner une première impulsion. Ce ne sera pas une folie de luxe : plus heureuse que la richesse, la mé-diocrité sait bien mieux jouir des dons de la nature. Que ne puis-je faire ici l'énumé-ration des diverses sortes de travaux qui peuvent remplir le vide de la vie ! je m'arrêterais à l'économie pastorale, celle qui, dans l'état social, est, de toutes les professions, la plus naturelle, la plus indépendante ; elle offrirait, à ceux qui ont besoin d'une grande mesure de liberté, une sécurité qu'ils ne trouvent pas au sein des villes, et des avantages préférables à une déportation cruelle, lors même qu'elle serait volontaire. Les vallées des Pyrénées recevraient ces nouveaux hôtes ; ils trouveraient au pied de ces rochers sauvages, sous des glaciers qui recèlent tout ce que la nature présente de sublime, de mœurs animées, cette franchise entraînante, cette touchante expression de la sensibilité, qui exercent sur les cœurs une influence irrésistible. Là, peu de chose suffit aux besoins ; les agrémens de la vie demandent peu de travail, ne laissent presqu'aucune ambition aux vues de l'intérêt ; le petit nombre d'indigens qu'on y trouve sont des amis malheureux. Les hommes doués d'une sensibilité courageuse peuvent développer toutes les qualités du corps et de l'esprit, nécessaires à la liberté.... Ah ! sans doute, il manque quelque chose à ceux qui n'éprouvent aucun battement en foulant aux pieds cette terre sacrée, qui n'éprouvent pas la force de ces traditions sublimes qui agrandissent l'ame en lui retraçant de précieux souvenirs : il est doux d'y contempler ce bonheur pur et tranquille, après des tempêtes politiques, loin des excès de la tyrannie !

Si vous redoutez l'usage que les pauvres peuvent faire de ces concessions, si vous les croyez plus intraitables que les animaux les plus féroces qu'on adoucit avec des bienfaits, (*) des lois, des réglemens de police peuvent les empêcher de vendre, d'aliéner, de posséder plus d'une hérédité ; qu'ils soient soumis à une surveillance exacte pour assurer l'égalité des partages ; accordez des récompenses à l'industrie, au travail. Ces précautions ne sont ni difficiles à mettre en pratique,

-----

(*) *Aristote. Polit.* , tome **II** , chap. XII. Plutarque, *Vie de Solon. Deuter.* , ch. XXXI.

ni nouvelles. A Rome, les censeurs punissaient ceux qui ne tenaient pas leurs terres en bon état ; les sénateurs qui négligeaient de remplir leurs devoirs : l'oisiveté était une note d'infamie plus affreuse que la mort. Telle était la force de ces institutions. Le tems et la sagesse, plus propres que les réglemens, pourront améliorer les nôtres. *Montesquieu*, qu'on n'accusera pas de favoriser des idées chimériques ou exagérées, voulait *que les partages fussent assurés par des lois. Sans elles, l'inégalité rentrerait par le côté que les lois n'auraient pas su défendre ; la république serait perdue.* (*)

Sera-t-on arrêté par quelques avances nécessaires au partage que je propose ? Nus, couverts de lambeaux, il faut procurer des vêtemens aux pauvres ; ils n'auront ni outils, ni instrumens de travail. On doit pourvoir à leur nourriture personnelle ; les riches eux-mêmes, auxquels on n'aura demandé aucun sacrifice de leur propriété, ne s'effraieront pas d'une taxe

---

(*) *Esprit des Lois*, livre V, chapitre V.

générale proportionnelle , de peu de durée , bien moins onéreuse que les distributions journalières aux mendians de
profession. Cette bienfaisance ne sera
que justice ; cette bonté , sagesse , économie. Il suffira de prouver qu'il n'est point
de pauvre vagabond qui ne coûte *vingt-
cinq sous* par jour : dix sous environ dont
on le gratifie pour ne rien faire, et *quinze
sous* qu'il gagnerait par un travail. Ainsi,
de la perte au gain , les gages d'un fainéant sont , par année, de *quatre cents
quinze livres.*

En ne comptant que *six cents mille
indigens ,* c'est bien peu , eu égard à
ceux qui sont disséminés dans toute la
France , puisqu'un journal accrédité en
compte cent mille dans la seule ville de
Paris , voilà une perte de *deux cents
quarante-neuf millions.* Nos armées n'étaient pas d'un aussi dispendieux entretien.

Dégagés de la foule qu'on précipite
dans les hôpitaux , ils n'auront plus des
besoins au-dessus des ressources néces

saires. Placés comme autrefois hors dé l'enceinte des villes, ces foyers d'épidémies deviendront des asiles salubres, commodes à l'improyante vieillesse, au malheur, à l'infirmité. On oubliera qu'un célèbre médecin a observé qu'il était plus facile aux malades de guérir sur la paille, avec un robinet d'eau fraîche à leur portée, que dans les salles infectes où on les entasse si cruellement.

Alors on aura satisfait à ce droit de commune, que rien n'a pu enlever aux pauvres : car ce serait les tromper grossièrement de leur faire regarder quelques modiques distributions comme un juste équivalent (*) de ce droit antique

---

(*) Chez les anciens Germains, les terres qu'ils cultivaient ne leur étaient données que pour un an ; elles redevenaient publiques. Il n'y avait de patrimoine que la maison et son enceinte. Ces génies supérieurs, qui ont commandé le respect et l'admiration des peuples, ont ordonné l'égalité de partage, et l'ont prise pour base de leur jurisprudence, plus éclairés, plus sages que Lycur-

et primitif. Il a disparu devant les lu-
mières et les arts qui succédèrent à la
barbarie ; il n'a pu être anéanti, ce droit
légitime de tout Français né libre ! le
tems n'efface pas de la mémoire des
hommes le souvenir des bonnes institutions. Ces faits, attestés par l'histoire,
se retracent au souvenir du pauvre par
une tradition que son malheur lui rappelle sans cesse. Il ne réclame aucune
des jouissances du riche : il n'éprouve
que le besoin du travail , comme la
source de son bonheur, de sa tranquillité. Quoi qu'en disent quelques moralistes moroses , un sentiment naturel
porte tous les hommes à fuir la con-
trainte et la misère : la raison des besoins
est la plus forte.

De quoi, en effet, le travail assidu
ne vient-il pas à bout ? L'homme laborieux, artisan de sa fortune, de sa

____

gue... (*Esprit des Lois* , livre XVIII, ch. XXII.)
Vous dites que ce moyen est impraticable, dangereux ; accordez du moins au pauvre les terres
que vous dédaignez.

gloire, et surtout de son indépendance, ne doit aux autres que ce que l'humanité exige. Bien éloigné de ces êtres oisifs que le cercle étroit de leurs plaisirs ne saurait amuser, qui languissent dans un vide insupportable, la tranquillité qui suit le travail est une douceur nouvelle.

(*) Je quitte à regret ces lois, ces usages respectables, dont la sagesse la plus sublime, la plus réfléchie n'est, pour notre faiblesse, qu'un jeu de l'imagination, et les chimères de l'âge d'or. Pourquoi, s'il faut à l'homme malheureux l'illusion du bonheur, nous, qui nous vantons d'une civilisation supérieure, ne pourrions-nous pas faire revivre ces usages en honneur chez les anciens, plus puissans que les lois et

----

(*) Une loi de Solon, pour empêcher l'oisiveté, dispensait les enfans, auxquels les pères n'avaient fait apprendre aucun métier, des secours que ces enfans leur devaient dans la vieillesse. Plutarque. *Vie de Solon.*

qui les remplacent ? J'oserai compter
parmi ces moyens l'hospitalité...

Dans les villes, on fournissait des secours à ceux qui arrivaient après le
coucher du soleil.... Il existait une hospitalité de convention, une hospitalité
de nation à nation ; des magistrats particuliers procuraient aux voyageurs les
choses nécessaires à la vie, L'arrivée, le
départ des hôtes étaient accompagnés
de tous témoignages possibles d'égards ;
on se faisait des présens..... Celui qui
était convaincu d'avoir violé l'hospitalité devenait un objet d'exécration. Le
droit même de la guerre ne détruisait
pas celui de l'hospitalité : nul peuple ne
l'a portée aussi loin que les Germains et
les Gaulois.

Plus aimables , avec plus de vertus
que les héroïnes grecques, nos modernes
Aspasies ne leur emprunteront-elles que
les formes des vêtemens en opposition
avec nos mœurs et nos longs hivers.
Elles ont appris, par les relations de nos

voyageurs, que ces anciennes coutumes existent encore chez des peuples que nous appelons barbares. Elles seront tentées de les imiter en exerçant l'hospitalité, en donnant quelque utilité à leurs longs loisirs. Je ne vous écoute point, mères insensées qui craignez que le travail ne nuise à la santé, à l'accroissement de vos enfans! Le travail porte avec lui la vie ; comme la sobriété et la modération, il est le conservateur de la beauté et des grâces de la jeunesse.

Je n'ai rien dit des femmes mendiantes : à la gloire des mœurs, il s'en trouve moins que de mendians, et cependant nos habitudes, notre législation écartent les femmes de beaucoup de fonctions lucratives. En formant un sexe plus faible, en lui donnant la supériorité la délicatesse des organes, la nature l'a assujéti à moins de besoins ; il sent moins les privations des emplois qui occupent les hommes. Étrangères à toute industrie, concentrées dans les soins de leur ménage, réduites à l'aiguille et au fuseau, les femmes ne manient ni la charrue, ni le burin, ni le marteau, ni la plume ; cependant tous les travaux modérés, les professions qu'on peut appeler mixtes appartiennent aux femmes, ou pourraient être concurremment exercées par les deux sexes.

Les femmes sont douées d'une dextérité plus douce, plus touchante que la nôtre : la pitié, qui compatit au malheureux, le console autant que la charité. Pourquoi ne leur confierait-on pas quelque branche de l'art de guérir ? la médecine simple, celle qu'employaient avec tant d'avantage les anciens, et que conservent encore les peuples que nous nommons sauvages. La médecine des *bonnes femmes*, car elles en ont une, n'est pas la plus meurtrière, la plus désagréable. Me permettra-t-on de citer encore les *Grecs* et les *Romains*... je vais encourir le blâme des compilateurs de l'histoire des siècles héroïques, pour la consolation de ceux qui pensent qu'ils peuvent être encore associés à notre *per-fectibilité.*

Une loi, arrachée à l'avarice, ayant défendu aux femmes d'Athènes d'exercer les fonctions d'accoucheuses, plusieurs femmes s'exposèrent à une mort évidente plutôt que de recourir à des accoucheurs. On sait qu'une jeune fille, nommée *Agnodice,* attendrie sur le sort de ces femmes, se travertit en homme, et, à la faveur de ce déguisement, voulut servir ces martyrs de la décence et de la pudeur. Pour appaiser un soulèvement général des Athéniennes, l'Aréopage révoqua cette loi.

Rentrons dans le cercle de nos habitudes modernes ; tant d'exemples sont perdus pour ces hommes auxquels une idée de perfection est un supplice, qui n'opposent, à tout ce qu'on peut leur offrir de grands modèles, que ces mots : *l'usage... la bonne compagnie... la mode....* Vrais talismans, ces mots répondent à tout.

Si l'on ne veut donc pas faire des écoles d'instruction pour les femmes, on peut en établir, dans chaque département, pour la filature du chanvre, du fil, de la laine, du coton, etc.

L'insuffisance des moyens politiques employés jusqu'ici contre la mendicité, en a fait chercher de plus durables dans l'éducation. On demandera quelle doit être l'instruction physique et morale du pauvre? A quoi on peut occuper les indigens qui ne peuvent vivre du produit de l'agriculture et des arts? Pourquoi l'adoption n'est pas comptée au nombre des lois morales d'un peuple sensible?

Ces questions trouveront quelque développement à la suite de ces notices, lorsque je traiterai plus particulièrement de l'instruction du peuple. Il me suffit de dire, quant à présent, que je fonde sa morale sur le travail et l'exemple des gouvernans. Je la trouverai dans des réunions qui rendent au peuple sa dignité, et l'enlèvent à la dégradation qui le tient enchaîné aux pieds de l'imposture. A ces moyens puissans, j'ajouterai l'institution des fêtes locales, qui puissent servir à l'instruction comme aux plaisirs, dans lesquelles on puisse allier la magnificence à l'économie dont un gouvernement sage se rapproche, en écartant les besoins et le ridicule appareil des temples de bois au sein d'une ville bâtie en pierres. Rien à cet égard ne paraît indifférent ; les récompenses, les justes punitions, tout ce qui peut enfin sincèrement établir le culte de la vertu. On peut mettre à profit jusqu'aux chansons qu'on chante dans les rues. Celui qui a l'entendement sain, peut, en suivant les règles du bon sens, découvrir le beau et l'honnête, comme dans les ouvrages de la nature. Une conversation, la libre pensée, l'influence bien réglée de l'accusation publique, auront plus d'effet que des traités complets de morale et de politique.

La main des pauvres a élevé les édifices publics, les ponts, les chaussées qu'on trouve dans toutes les parties de la France. Ces monumens attestent qu'à l'époque où ils furent construits, la mendicité fut détruite par les mendians. Les plus vigoureux, s'ils sont bien payés et traités avec douceur, ne refuseront pas aujourd'hui de travailler volontairement aux canaux d'une navigation intérieure, qui doit attacher, dans un système politique et commercial, le centre aux extrémités de notre vaste république. Les routes, les chantiers sur nos ports de mer seraient, pour d'autres indigens, une ressource assurée. On recruterait au besoin, parmi ces ouvriers, d'excellens sapeurs, des pionniers, des mineurs.

Ce n'est pas d'aujourd'hui que les hommes se trompent sur leurs vrais intérêts. Tel est leur sort : ce qui tarit la source des peines, ouvre la source des plaisirs. Que produisent les déclamations contre les maux de la vie? Le seul parti qui nous reste, c'est de les vaincre par le travail. J'en ai assez dit pour les esprits justes. Comment persuader ceux qui sont courbés devant tous les préjugés ? de plus grands détails ne les contenteraient pas ; ils seraient tentés de nous adresser les paroles du malin.... *Dis que les pierres se changent en pain.*

F I N.